생각이 바뀌는 의자

감성충전 라이팅북
생각이 바뀌는 의자

더 생각 시리즈 01

초판 1쇄 발행 | 2017년 3월 20일

글 | 맹명관
캘리그래피 | 서우석
사진 | 서우석 안홍섭 신영수 맹명관 엄재식 노광준 안현정
편집디자인 | 안홍섭(아트엘)

발행인 | 김태영
발행처 | 도서출판 씽크스마트
주 소 | 서울특별시 마포구 토정로 222(신수동) 한국출판콘텐츠센터 401호
전 화 | 02-323-5609 · 070-8836-8837
팩 스 | 02-337-5608

ISBN 978-89-6529-156-5 03100
값 **14,000**원

이 도서의 국립중앙도서관 출판예정도서목록(CIP)은 서지정보유통지원시스템 홈페이지(http://seoji.nl.go.kr)와
국가자료공동목록시스템 (http://www.nl.go.kr/kolisnet)에서 이용하실 수 있습니다. (CIP제어번호: CIP2017002722)

씽크스마트 • 더 큰 세상으로 통하는 길
도서출판 사이다 • 사람과 사람을 이어주는 다리

생각이 바뀌는 의자

맹명관 글
서우석 캘리그래피

"그는 비주얼 스토리텔러,
나는 주얼리 스토리텔러"

그의 사진이나 캘리그래피는 그만의 감정과 이야기가 담겨 있다.
그의 사진과 서체에는 그가 살아온 삶의 여정이 스며 있다. 그래서 인
연 없는 사진이 없으며 감정 없는 서체가 없다. 만일 그와 깊은 대화
를 나누려면 그가 찍은 사진 한 장을 놓고 말을 걸면 된다. 그러면 그
는 만담꾼으로 변한다. 그만큼 그는 할 얘기가 많은 사람이다. 삶이
녹록지 않았다는 반증이다. (나는 그를 고독한 인생의 독거노인이라
부른다) 그런 인연이 20년이 되었다. 40대 초반에 혈기왕성한 그를
만나고 환갑 직전에 만나 이 책을 만든다. 그러고 보면 그나 나나 보
통은 넘는다. 그와 대화를 나눌 때면 나는 살짝 긴장을 한다. 그는 내
허가도 없이 셔터를 마구 눌러댄다. (불한당도 이런 불한당도 없다)
어느 날 그와 얘기를 나누다가 내 눈에서 안광이 나오는 장면을 잡은
것은 그의 못 말리는 감각이었다.

내가 지난 3~4년간 새벽 4시경에 일어나 페이스북 성벽에 낙서를 쓴 것은 무엇을 어떻게 해보자는 목저이 아니었다. '광야의 외침'이었다고나 할까? 그냥 그랬다. 그런데 신기한 것은 단 한 번도 소재가 고갈된 적이 없다는 사실이었다. 이는 내가 55권의 저서를 출간한 필력에 해답을 찾을 수 있는데 그래도 이 모든 것이 시인이요, 카피라이터로 살아온 잔영이 아니었을까 자문하기도 한다.

나는 이 책을 출간하면서 독자에게는 빈 여백을 남겨주고 싶다는 욕망이 있다. 그 공간에 자신만의 생각을 마음껏 풀어 놓으라고 말하고 싶다. 왜냐하면 지식사회의 '생각'은 어느 누구의 소유물이 아니기 때문이다.

그저 아무 생각 없이 '잘 차려진 밥상에 숟가락 하나 얹는' 뻔뻔함도 좋으니 글도 읽고 사진도 보고, 그렇게 느끼는 자유를 맘껏 누렸으면 좋겠다. 작가 서우석은 '사람들은 저마다 그리운 섬이 있다'라는 나의 에세이 제목을 보고 요즘 아이들 말로 '뻑'이 갔다. 그래서 그간 숨겨온 캘리그래피의 보검을 빼고 책상 속에 꽁꽁 숨겨둔 사진을 내놓았다. 마치 내가 장 그르니에의 《섬》에 '뻑'이 갔듯이...

결론지어 말하자면 이 조각 같은 글에서 모두가 잃었던 성정을 되찾았으면 좋겠다. 하얀 눈 위에 찍혀진 설인의 발자국처럼 순백의 수정 같은 그 감성의 세계를 위해 내가 그토록 방황했던 이유처럼...
칼바람이 마른 가슴을 스치듯 지나간다. 바람이 부니 살아야겠다.

2017년 눈 내리는 양주서재에서
맹명관

생각이 바뀌는 의자
따스한 손글씨 감성으로 말하다

생각이 글이 되고
그 글은 문자와 말이 되어 사람들에게 전달된다.
좋은 글을 쓰려면 늘 생각을 메모해 두어야 한다.
또, 말을 설득력 있게 하려면 생각을 해야 한다.

세상을 스마트폰으로 보는 것이 익숙한
요즘 세대와 기성세대들에게
이 책은 자신의 생각이 어느 지점에 머물러 있으며
어디쯤 와 있는지 그 좌표를 확인할 수 있게 한다.
그러기 위해 자신의 생각을 다시 적을 수 있게
오른쪽 페이지에 여백을 두었다.

더불어 감성적인 사고로 세상을 보는 새로운 방법과
세대를 뛰어넘은 그리움, 추억, 마음의 따스한 고향을 확인시켜 주고,
딱딱한 마케팅과 경영을 캘리그래피의 따스한 글씨와
감성 있는 사진으로 융합시켜 독자들의 숨겨진 호기심과
한 뼘 더 넓고 깊은 통찰력의 세계로 견인해줄 것이다.

캘리그래피 작가
서우석

차례

Chapter.1 **생각의 바다에 의미의 사금을 캐다**

Chapter.2 **내 기억의 창고에 잠든 활동사진**

Chapter.3 **이기는 본색, 전략의 탑을 쌓다**

Chapter.4 혁신의 경영가들, 반전의 사설을 토하다

생각이 바뀌는 의자

서양에서는 부모가
아이를 훈육할 때 의자에 앉힌다.
의자에 앉은 아이는
그 시간 말없이 앉아
온갖 상념에 빠진다.

차근차근 스스로를 돌아보게 된다.
아이는 시간이 흐르면서
생각이 바뀌는 것이다.

온통 세상이 '생각-thinking'에 몰입할 때
나는 YTN 강연쇼 '생각이 바뀌는 의자'를 진행하며,
대한민국 오피니언 리더 강사들에게
방송 중 'thinking different'를 물었다.

그런 '생각-thinking'의 기조에서
떠오르는 단상을 캘리그래피와
이미지 사진과 융합하여
감성충전 라이팅북을 출간하였다.

이제 '생각이 바뀌는 의자'에
그대를 앉힌다.
한 장 한 장 넘기며 나를 바라본다.

무엇을 내가 잃어버렸는지
어디로 내가 가고 있는지
나의 생각은 무엇을 그리워하는지...

생각의 바다 어의 의 바다 미 생각 상 을 캐다

Chapter 1

치열한 경쟁 속에
나만의 공간을 찾아가는 심상의 여유

스페셜리스트의 정체성은, 철학은, 차별적 정의는 무엇인가?
때로는 감성으로 때로는 송곳 같은 논리로
그만의 공간에 지성의 안식을 구한다.

경험이라는
스승

아이디어란 오랜 경험에서 출발하는 산출물이다.
고로 경험은 우리의 스승이다.   #경험

상처 입지 않은
영혼이
어디 있으랴

Photography_서우석

상처 입지 않은 영혼이 어디 있으랴! 그 상처들을 보듬는 내가, 우리가
되고 싶다.   #마음 #상처

사람앞에
선다는 것은
늘회피하고 싶은
순간이다—

진정성 없이는 강의하는 일은 불가능할 텐데 20여 년 가까이 이 일을
연속적으로 수행하였다는 것은 지극히 내성적 성향의 나로서는 매우
신기한 일이다. #진정성 #대중앞에늘홀로선나

눈을 맞추고,
연인을 대하듯
이야기 하리~

세상은 소통하기 위한 도구는 많은데 정작 그 대상은 고려하지 않는다.
강의를 진행할 때 강사들이 PPT를 사용한다는 것은 대상자를 외면하겠
다는 뜻으로 오해받을 수 있다. 건조한 자료 화면을 보며 눈 하나 맞추지
않는 기현상들... 그래서 나는 나만의 소통방식으로 PPT 없이 화이트보
드와 핀마이크를 요구한다. 그리고 청중을 향하여 눈을 맞추고 연인과
대화하듯이 이야기를 한다.　　　　　　　　#강의 #소통 #연인 #대화

아이디어를 허락하노라

기획서나 아이디어를 쓸 때 기본적으로 거쳐야 할 프로세스 중 제일 먼저 해야 할 것은 현실 문제를 파악하기 위한 착상과 연상이다. 결국 떠돌아다니는 생각을 안착시키고 생각들의 연결고리를 묶어 하나의 결정물을 만들어 내기까지 발상자는 홍역을 치른다.

#아이디어 #착상 #연상

잃어버린 심성과
여유를 찾아서
떠나고
또 떠나라

사람이 많다. 집이 지천이다. 숨 막힐 것 같은 저 틈새에 사람들은 경쟁하고 부대끼며 하루를 보낸다. 우린 너무 숨 가쁘게 달려오고 있지는 않았는지. 잃어버린 심성과 여유를 찾아서 떠나고 또 떠난다.

#마음의평정 #여유 #숨막히는일상의탈출

삶의 기본기를
혹독하게 배워라

처음 일을 배울 때는 혹독하게 배워라. 어설피 배웠다간 낙마하기 십상이다. 조금 잘났다고 교만 떨지 말아라. 세상엔 탁월해도 묵묵히 제 길 가는 인재가 지천이다. 야망만 키우지 마라. 그것이 헛됨을 알게 될 때는 되돌리지 못할 늪에 빠진다. 하던 일에 충실하라! 그리고 구름 같은 인기에 발길 돌리지 마라.

#삶 #기본기 #인생의첫단추

잠잠하라~
그리고
돌을 귀를 가져라

포장이 요란하다고 세상은 속지 않는다. 잠잠하라! 그리고 들을 귀를
가져라.   #본질로승부하라 #들을귀

나이듦은
살아가는 연습과
사라지는 연습을 하는것

짙은 황사 속에 사진 액자처럼 걸려 있는 고풍스런 서울대병원 시계탑.
평소 오른쪽 눈의 떨림으로 일주일 전 내원한 검진 결과가 나왔다. 뇌
의 신경들이 부딪쳐 생긴 병리 현상이라고 하는데, 의사의 소견으로는
수술보다는 당분간 추이를 지켜보는 편이 나을 것 같다고 한다. (이제
원인을 알았으니 급할 것 없지) 병원을 나서면서 시계탑을 보며 늘 그
자리 그 모습으로 남고 싶다는 참 인문학적 생각을 했다. 이것도 나이
듦의 현상일까?　　　　　　　　#나이듦 #살아가는연습 #사라지는연습

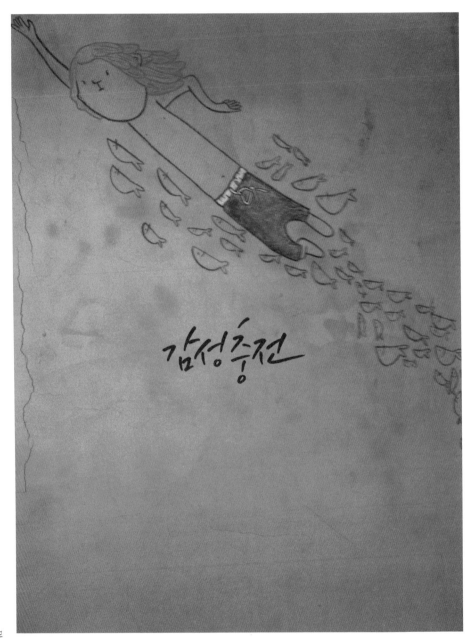

감성충전

그냥 즐겨라! 놀 줄도 모르고, 쉴 줄도 모르는데, 즐길 줄은 알까? 즐긴다는 것이 무엇일까? 내가 어린 시절 땅거미가 내릴 즈음, 기타를 들고 동네 어귀에 놓인 장의자에 앉아 팝송을 목청껏 부르던 낭인 같은 형이 있었다. 어떻게 팝송의 단어를 토씨 하나 틀리지 않고 운율에 맞춰 노래를 부를 수 있을까? 의뭉한 표정으로 내가 물었다. "어떻게 해야 팝송을 형처럼 부를 수 있나요?" 그러자 별로 똑똑해 보이지 않는 형이 면벽 스님 같은 표정으로 이렇게 말했다. "야~ 임마 그냥 즐겨…이건 영어 교과서가 아냐" 그렇다. 나는 그간 교과서 같은 인생을 살려고 노력해왔다. 토씨 하나 틀리지 않는 완벽한 인생을 꿈꿔왔고 그렇지 않을 경우 속상해했다. 요즘 그 형의 말이 가끔 내 맘속에 울릴 때가 있다. 즐기는 삶과 느낌이 있는 감성 충전의 시간, 틀려도 개의치 않는 그럴 나이이기에 더욱 그렇다. #감성충전

캔벌은
울지 않는다

Photography_서우석

나이가 들수록 눈물이 흔해진다. 감동적인 다큐멘터리만 봐도 눈물을 주체하기가 힘들다. 예전에 선친은 사내가 눈물 흘리는 것에 강한 거부감이 있으셨다. 그래서 눈물을 자주 흘리는 것에 대해 질타하셨고 그럴 때마다 '큰 별은 울지 않는다'라는 말씀을 주문처럼 하셨다. 그런 아버지가 병으로 쓰러지신 후 작은 일에도 우셨고 언제 그랬냐는 듯이 울보로 남은 삶을 마감하셨다. 아... 눈물... 죽은 나사로를 위해 우신 예수님을 나는 이해할 수 없었다. 하나님인 그가 울다니. 그런데 나이가 들어가며 나는 그제야 그것이 사랑인 줄 알았다. 울 줄 아는 메시야... 남을 위해 우는 메시야... 나 같은 소인배도 가끔 슬퍼서 울기보다 그냥 의미 없이 가슴이 뻥 뚫리도록 울고 싶을 때도 있는데... 그 카타르시스를 통해 한 뼘쯤 성장하고 싶다. 눈물은 감동 없이 차갑게 사는 현대인에게 창조주가 준 정말 큰 선물이다.

#눈물 #창조주의선물

청춘
언젠가 가겠지
푸르른 이 청춘
지고 또 피는
꽃잎처럼

집안의 기둥이었던 아버지가 쓰러지셨다. 뇌혈관이 터졌다며 중환자실로 들어가신 후 아버지는 한동안 제한된 변회의 대상이 되었다. 그리고 그 후 아버지는 말이 어눌하고 걸음을 허우적대며 걷는 장애인이 되었지만 삶에 대한 애착이 대단하셨다. 그때 병실 한구석에 낡은 라디오에서 흘러나왔던 산울림의 '청춘', '언젠가 가겠지 푸르른 이 청춘'으로 시작하는 낮은 음의 노래. '응답하라 1988'에서 김필이라는 젊은 가수를 통해 재탄생된 '청춘' 그렇다. 그땐 달 밝은 밤이면 창가에 흐르는 내 젊은 연가가 구슬퍼 울었다. 지금은 나의 아버지만큼 산 내가 빈 손짓 하며 살아가기에 애달프다. 종종 이런 애상과 추억이 내 삶의 작은 지지대가 되어 있음을 발견한다.　　　　　　　　　#청춘 #회상 #인생 #애상

그래도 세상은
아직 살아 볼만하다—

토닥토닥 내 등 두들겨 준 의인 같은 사람들이 있다. 잊혀질 줄 알았던 내 고뇌의 시간을 관조하노라면 참 고마운 사람들이 내 곁에 있었다. 아직도 상처의 흔적을 남긴 사람도 있지만 그래도 세상은 살아볼 만한 곳이라고 말할 만큼 허물어진 내 어깨를 잡아주고 등을 두들겨 준 의인 같은 사람들이 있다. 지금은 어떤 모습으로 살고 있을까? 고마웠다고, 사랑한다고 그때 왜 말을 못했을까? 가슴에 진한 회한이 남는다. 인생 후반기에 접어들면 더더욱 그들이 사무치게 그리울 것이다. 그러할 것이다.

#사람 #친구 #토닥토닥

사람에게
사람을 물다-

'길에게 길을 묻다'라는 시가 있었다. 중의적인 표현이었는데 그 의미가 깊어 보였다. 사람에게 사람을 물으면 어떤 답이 나올까? 아파트 뒤 산책로를 호젓이 걸으며 내 안에 떠오르는 질문에 답해야겠다. 지금 나는 정중동!

#사람 #인생질문

길에게
길을 묻다―

산속으로 난 길을 걷다 보면 삶의 무게를 내려놓게 된다. 그 길을 걸으면 이러한 길도 인생일진대 왜 그리 그악스럽게 살았는지 참회 아닌 참회를 하게 된다. 누군가 이 길을 걸었을 테고 또 누군가도 내 뒤를 따를 텐데. 소리 없는 순환에 먼 산을 본다. 쉬기도 하고 눕기도 하자. 이 길을 가는 순례자처럼 새도 사람도 그래서 하염없이 길을 가는구나.

#사람 #길 #인생

내가 침묵하는 이유

말하면 오해받지 않아도 될 일에 침묵하는 경우가 종종 있다. 그것이 인간의 도리라고 생각하거나 누군가를 보호해야 한다고 생각할 때 스르르 눈을 감는다. 그리고 세월이 흐른 후 사람들은 묻는다. "왜 그때 말하지 않았냐?" 웃으며 넘긴다. 나를 방어하는 것이 추해 보였다고. 당사자는 알 텐데 뭐? 침묵 속에 나를 묻는다.　　　　　　#사람 #침묵

푸른하늘이
지독하게 그리울때가 있다

순간을 사랑하자. 푸른 하늘이 그리울 때가 있다. 오늘은 저 푸른 하늘이
잿빛이 되어 비가 내린다. 세상은 늘 존재하는 것 같지만 그렇지 않다.
그러한 때를 모두 사랑하는 내가 되자.　　　　　#순간 #그리움 #감성

감성은
영혼의 비타민이다

꽃을 보며 대화를 한다. 숲을 향해 이야기를 한다. 가슴 속 저 밑바닥
에 흐르는 나만의 감성! 시간은 어디를 향해 흐르는가? 그 시간 속에
나는 어떤 모습으로 서 있는가? 가슴 밑바닥에 자연이고 싶다는 생각
이 스물스물 올라온다.　　　　　　　　　　　#감성 #영혼의비타민

깊게
그리고
멀리보기

나무를 보다가 숲을 보기가 쉽지 않다. 당장 눈앞에 보이는 모습이 전부인 것처럼 느껴지기 때문이다. 그러나 시간이 흐르면 숲이 보이기 시작한다. 깊게 그리고 멀리보기가 주는 성숙함과 연륜! 일희일비하지 말자.

#시선 #연륜

나를 깨우는
새벽 그 예민한 감성

새벽이 오면 유독 소리에 민감해진다. 산책하는 얼리버드족이 두런두
런 대화하는 소리와 살짝 귀를 간질이는 새들의 지저귐 소리, 창을 두
드리는 미세한 바람소리, 자동차 시동 거는 소리... 이런 무한한 소리
의 세계를 내가 어찌 알고 느낄 수 있을까? 보여진다고 보여지는 것이
아닌 깊고 오묘한 세계에 나는 살고 있다.   #새벽 #감성

내 인생의
빈자리는
어떤 모습일까

한 자리를 오래 지킨다는 것은 중요한 일이다. 그런데 놀라운 사실! 마을을 오래 지키는 나무는 곧고 바른 나무가 아니라 모양새가 굽고 좋지 않은 나무다. 전자는 이미 사람 손을 타거나 뽑혀지는데 후자는 묵묵히 그 자리를 지킨다. 내 인생이라는 나무는 어떤 모습일까?　　#인생 #성실

시 한 줌이 메마른 가슴을 적시는 것을 나이가 들어가며 알았다. 살기가 팍팍해질 때 또는 삶의 권태기가 올 때 함축된 단어 하나하나가 죽은 세포를 살린다는 것을 철들어 알았다. 그리고 내가 한때나마 시에 울고 울었던 천둥벌거숭이임을 멀어진 기억 속에서 찾아내었다. 우리 모두가 시인이 되자. 영혼을 정제할 시를 쓰자.　　　　#시인 #감성

보물은 숨겨진것이 아니라
늘 항상 그자리에
있는 것이다

보물찾기에 나는 한 번도 행운을 잡은 적이 없다. 집에서도 물건 하나 찾기 어려워 찾기의 신인 아내의 손을 빌린다. 어느날 문득 '내게 있어 보물은 무엇인가?'라는 의문이 생겼다. 그렇다. 내가 원하면 언제나 달려오는 지인들, 나의 부족한 강의를 열정을 다해 들어주는 수강생들, 언제나 좋은 것으로 대접하는 제자들, 높은 하늘 꽃 한 송이, 바람 한 점, 이런 보물이 지천인 세상에 나는 살고 있다. 보물은 숨겨진 것이 아니라 늘 그 자리에 있었다.   #보물 #일상 #내마음의보석상자

인연은
시공을 초월해
같은 마음으로
존재 하는것

오래 갈 인연들은 어디에 있든지 같은 마음으로 시간과 공간을 초월해 존재하는 것 같다. 그들은 요란하지 않으며 거짓말하지 않으며 약속을 어기지 않는다. 그런 소울 메이트와 함께 생각하고 놀며, 같은 목표를 향해 동행하고 싶다. #사람 #인연 #소통

나는
어떤 인연을
기다리고
있는가

90년대 중반 무작정 떠난 일본 여행에서 내게 충격을 준 두 가지 사실이 있었다. 그 하나는 쟈렝이라는 커피숍처럼 커피숍도 프랜차이즈 할 수 있다는 것이요. 또 하나는 인공지능이라는 단어였다. 시간이 지난 후 그 긴 인연의 끈은 나로 하여금 《스타벅스 100점의 숨겨진 비밀》을 쓰게 하였고 시간이 지난 지금은 본격적으로 인간과 인공지능의 대결을 목도하게 하였다. 그렇다. 우린 그 긴 인연이 시간 속에 어떻게 엮여 있는지 잘 모른다. 누군 바람 같은 인연이지만 누구에겐 운명 같은 인연이 된다. 아! 나는 어떤 인연을 기다리고 있는 것일까?

#사랑 #인연 #운명 #기다림

스포츠는 그냥 즐기면 된다. 정치는 편들지 않으면 된다. 경제는 탁월
한 지혜로 풀어 가면 된다. 인간관계는 계산하지 않고 오래 두면 된다.
부와 명예는 순리대로 가면 된다.　　　　　　　#삶의지혜 #관계

관포지교(管鮑之交)

저는 사람을 오래봅니다. 금방 타오르는 것은 순식간에 식는다는 자연의 이치를 압니다. 기억하고 싶지 않은 사람들의 관계가 다 그렇습니다. 시간이 오래 흐르면 본질이 드러나는 것이 인간입니다. 오래 지켜보고 생각합니다. 말에 속지 않습니다. 한때의 열정도 한때의 사랑도 본질이 아니면 차갑게 식어버립니다. 요즘 하나 둘 정리 중입니다. 오래갈 수 있는 따뜻한 관포지교의 사람을 구합니다.

#사람 #친구 #관계 #관포지교

관중(管仲)과 포숙아(鮑叔牙)의 사귐이란 뜻으로, 형편이나 이해 관계에 상관없이 친구를 무조건 위하는 두터운 우정을 일컫는다.

베풀 관

내 이름 끝의 관 자는 '베풀다' 라는 뜻이 있다. 이 이름은 내가 태어나기 전 고인이 되신 할아버지가 지어주셨다는데 무슨 생각으로 지으셨는지 그 발상이 궁금하다. 배고픈 시절이었으니까 배곯지 말고 부자가 되어 물질을 나누라는 뜻이었을까? 비약적이지만 배운 지식을 세상과 잘 나누라는 바램이었을까? 종종 나는 이름에 걸맞은 인생을 살고 있는지 회개하는 마음으로 되돌아 본다.

#삶 #베풂

혼자 있음이
그냥 좋다

나는 줄 서는 것이 싫다. 그 어느 곳에서도. 같은 생각과 얼굴로 사는 것도 싫다. 사람 속에 끼어 있는 것은 거부한다. 정해진 룰이나 절차도 마뜩잖다. 내가 도심을 떠나 살고 저녁을 고스란히 집에서 보내는 이유이다. 새벽 찬바람을 맞으며 서재에서 책을 읽고 글을 쓴다. 혼자 있음이 그냥 좋다. 대중은 너무 생각하지 않으며 공격적이며 이기적이다. 귀를 닫고 눈을 감는다. 세상은 소음으로 뒤덮여 있다. 왜 나는 이렇게 변했을까? 홀로 있으며 귀 닫고 눈 먼 것이 변한 것일까?

#다름 #차별 #혼자만의시간

고장난 레코드판,
전설을 말하다

내가 만난 베스트셀러 작가나 한 시대를 풍미한 사람들을 만나보면 그분의 삶의 시제가 정점을 찍은 그 시점에 머물러 있거나 삶의 기준이 화려한 전성기의 지독한 추억 그 시절에 정체되어 있음을 빌건하게 된다. 이런 분들의 특징은 전성기를 보낸 후에 자신의 정체성을 잃고 저만치 머물러 있거나 무언가 시도하다 좌절한 흔적이 마맛자국처럼 남아있다는 것이다. 또한 사이비 교주처럼 추앙받거나 칭찬을 갈구한다는 것이다. 고장난 녹음기처럼 치매 걸린 노인처럼 자신의 전설을 반복하거나 다시 그 영화가 찾아올 것이라는 허망한 기대감에서 탈출하기 위해 부단히, 그리고 겸허히 자신을 돌아 보아야 한다. 그렇다! 사탕을 좋아하면 이가 썩는다. 나의 성정과 욕망으로의 탈출을 위해 나는 오늘도 책을 든다.
#인생 #추억 #왕년

선택에는
반드시
오류가 있다

선택에는 반드시 오류가 있다. 그 이유는 단 두 가지, 지식 없음과 욕망이다. 이 두 가지가 결합이 되면 합리적이고 이성적인 판단이 흐려져서 결국 돌이킬 수 없는 결과를 빚게 된다. 그리고, 우리는 지식을 경원시하거나 고정관념에 사로잡혀 반복되는 일상 속에 살게 된다. 더불어 비전과 꿈을 혼동하면 지도에 없는 길을 서슴없이 걸어가게 된다.

#선택 #지식없음 #욕망

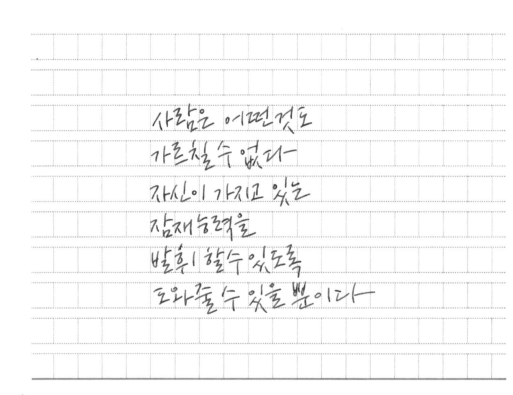

사람은 어떤것도
가르칠수 없다
자신이 가지고 있는
잠재능력을
발휘 할수 있도록
도와줄 수 있을뿐이다

사람은 어떤 것도 가르칠 수 없다. 자신이 가지고 있는 잠재능력을 발
휘할 수 있도록 도와줄 수 있을 뿐이다.　　　　　#잠재능력

어떤 사람이 다른 사람보다
더 우수한 것은
그가 더 많은 지식을
지녔기 때문이 아니라
그 지식을 활용하는 법을
알기 때문이다

어떤 사람이 다른 사람보다 더 우수한 것은 그가 더 많은 지식을 지녔
기 때문이 아니라 그 지식을 활용하는 법을 알기 때문이다.

#지식 #활용

꽃밭에 앉아서

꽃밭에 앉아서 꽃잎을 보네
고운 빛은 어디서 왔을까
아름다운 꽃이여

이렇게 좋은 날에
이렇게 좋은 날에
그 님이 오신다면 얼마나 좋을까

동산에 누워 하늘을 보네
청명한 빛은 어디에서 왔을까
푸른 하늘이여

이렇게 좋은 날에
이렇게 좋은 날에
그 님이 오신다면 얼마나 좋을까

이 시는 조선 세종조에 최한경이라는 유생이 쓴 《반중일기》에 나오는 연시이다. 어떻게 이런 그림 같은 연시를 쓸 수 있을까? 한갓 유행가 정도로 알았던 가벼운 상식에 허를 찌르는 반전이었다. 감성은 시대를 초월한 인간만의 특권임이 틀림없다. 갑자기 한학을 배우고 싶다는 충동이 인다. 멋지다. 유생 최한경

#감성

내기억의창고에잠든활동사진

Chapter 2

추억
그리움이 추억이 되고
추억은 사랑이 된다

수많은
사람들이
오랜
세월동안
스쳐간
좁다란
골목길

어린 시절 내가 뛰어 놀았을 법한 비좁은 골목길. 왠지 이런 골목을 보면 과거의 어린 내가 나를 바라보고 있을 것 같다. 내 유년에 매장되었던 순수한 동심은 다 어디로 갔는가? 추억은 그렇게 꼬리를 문다. 동심과 추억이 숨을 쉬는 골목길에 덩그러니 앉아 이렇게 벽에 써본다. "넌 지금 어디에 있니?"   #추억 #유년시절 #골목길

바람처럼 스쳐간
모두가 그립다

위압적인 고층 빌딩보다 아직도 낡은 누옥이 나는 좋다. 낡은 영사기처럼 추억을 되돌려 보면 떠오르는 풍경들. 미로 같은 골목길. 누군가 나타날 것 같은 그리움. 한때 나의 상상력의 근원이었던 만화방. 기억에 희미한 사람들 그리고 이름. 철이, 순덕이, 춘식이, 미영이, 먼지처럼, 바람처럼 스러져간 그 모두가 그립다.

#추억 #그리움 #세월

비록 수입은 변변치 않지만
마음은 풍요롭던 그 시절

고서점에 가면 예전 나의 에세이를 한두 권씩 발견한다. 문학의 열정만
으로 살았던 그 시절. 정동 근처 집필실을 마련하고 아침에서 저녁까지
오로지 창작에만 몰두했다. 비록 수입은 변변찮았지만 마음은 풍요롭던
그 시절, 가끔 그 시절이 사무치게 그립다.   #추억 #열정의시절

곰팡이 냄새나는
  서점에서
작가의 혼을 더듬고
생각의 뿌리를 다듬는다

용산역 부근에 고서점으로 명맥을 유지하는 뿌리서점이 있다. 비록 좁
은 공간에 산처럼 책이 쌓여 여러모로 불편함을 주지만, 이곳은 지나
간 서적을 다시 대한다는 남모를 기쁨이 있다. 곰팡이 냄새 나는 미로
에 서서 때가 지난 작가혼을 더듬는 것... 생각의 뿌리를 다듬는다.

#뿌리서점 #작가의혼 #생각의뿌리

수십년간
목마른 지성에
단비 같았던
샘터

대학로에 가면 터줏대감 같은 잡지사 건물이 하나 있다. 그곳은 다름 아닌 수십 년 간 목마른 지성에 단비 뿌려준 샘터사이다. 척박한 시대에 이 잡지사에서 발간되었던 〈샘터〉에는 당대의 지성이요 문사인 최인호와 이해인 그리고 소년 같은 감성의 정채봉, 무소유의 법정스님, 장영희가 있었다. 물론 이해인 수녀 말고 모두가 고인이 되었지만, 그들이 남긴 문학적 지성은 현자의 고뇌를 생생하게 들여다 볼 수 있어서 늘 감동적이다. 부디 저 건물의 덩굴처럼 오래오래 우리 감성과 동행하여 결코 우리가, 이 땅이 척박하지 않았다는 것을 보여주었으면 좋겠다. 그렇다! 지나간 것은 지나간 대로 의미가 있다. 샘의 터처럼   #샘터

너의 꿈은
무엇이더냐

문득 내 자신에게 묻는다. "너의 꿈은 무엇이었더냐?" 청년의 때에 품었던 푸른 결기 어린 꿈이 얼마나 허망하고 비현실적인지 알게 되었다. 그리고, 작고 소박했던 중년의 꿈도 세월의 소용돌이 속에 상실되고 말았다. 그래도 인생의 종결 어미인 장년에 무지개와 같은 또 하나의 꿈을 품는다. 기품 있는 노년에, 소년같이 심장 뛰는 나만의 꿈을 위해 지금 나는 장고에 들어간다.   #세월 #노년 #꿈

평생, 일을 친구 삼아 살았습니다-

일을 친구 삼아 살았습니다. 전투하듯 살았습니다. 참, 어려운 삶이었습니다. 가족 외에 어느 누구도 인정해주지 않았습니다. 상처도 많이 받았습니다. 신새벽 책상에 앉아 글과 씨름했습니다. 외롭고 거친 그 길을 걸어왔습니다. 책을 놓지 않았습니다. 앞으로 남은 시간을 후회하지 않는 삶을 살고 싶습니다.　　　　　　　　　#세월 #고독 #외로움

앞으로
몇번의 가을이
내게올까—

코스모스가 가냘픈 모습으로 길가에 피어 있고 하늘은 눈이 시리게 높다. 바람은 어디론가 향해 달리고 여름내 뙤약볕에 익은 과실이 부끄러운 속내를 보인다. 그리운 추억이 있고 한 편의 시가 있는 아~ 가을 9월의 문이 열렸다. 그리운이여! 이 가을에 너의 안부를 묻는다. 앞으로 몇 번의 가을이 내게 올까? #세월 #인생 #가을

바람처럼 스치듯
살아갔으면 좋겠다―

이것저것 따지지 않고 모든 것이 바람처럼 스쳐 지나갔으면 좋겠다. 비오듯 묵은 것 씻어버리고 새롭게 시작했으면 더욱 좋겠다. 자연은 질투하지 않고, 욕심부리지 않으며 올곧게 살아가고 있는데 하나님의 피조물인 나는 왜 그러하지 않은가? 하늘이 유난히 높고 시린 아파트 앞 산책길에 내 생각을 묻는다. 지난 것은 시간에 잠들고 새로운 것은 새살이 돋듯 얼굴을 내민다. 하늘의 눈발은 잠든 우릴 깨우며 읊조리듯 말한다. '가고 오는 것만이 순리라고...' 새벽 잠시 '유쾌하게 늙는 방법은 없을까?' 하고 나다운 상상을 한다.　　　　　#나이듦 #세월 #인생

세월은 가고
옛것은 남는것

나이가 들면 자꾸 시간이 부족하다는 생각이 든다. 정해 놓은 것도 아닌데 한 해가 가면 아쉽고 심지어 아프기까지 한다. 도대체 이 해에 난 무엇을 했을까? 왜 이리 시간은 쏜 살처럼 달려가는 것일까? 이런 생각 끝에 아쉬움이 남아서인지 나는 지난 다이어리를 버리지 못하고 있다. 그때 무슨 일이 있었는지, 그때 그 사람은 내게 어떤 의미였는지... 이 시간도 지나면 추억이 되리라. 순간을 잘 보내야겠다는 생각에 사로잡혀 문득 떠올린 단상이다. 세월은 가고 옛것은 남는다.

#나이듦 #세월 #집착 #추억

나도 언젠가
사라져
잊혀질 수 있다

한 분야에 오래 있다 보면 명멸하는 순간을 목도하게 된다. 누군가는 불나방처럼 떠돌다 사라지고 누구는 화려한 인생을 살다가 하루살이처럼 삶을 다한다. 빠른 것이 미덕이기도 하지만 때론 느리기도 하고, 홀로 가는 것이 경쟁력이기도 하지만 더불어 오래간다. 그래서 남의 성공을 시기하지 않으며 질투하지 않는다. 세월은 시간이 해답이다. 그렇다. 인생은 정답보다는 해답에 가깝다. 나도 언젠가 사라져 잊혀질 수 있다.   #나이듦 #세월 #잊혀짐

60여 년을 살면서 침묵을 배웠습니다. 말하지 않는 그 자체가 말하는 것임을 그 긴 시간을 살면서 배웠습니다. 아울러 인간이란 역시 믿음의 대상이 아니라는 것을 배웠습니다. 시간이 지나면 무엇이 옳은지 명명백백 밝혀진다는 것을 알았습니다. 제 주위에 그 잘났던 사람들은 다 어디에 있는지. 한 시대를 호가호위하던 그 사람들의 인생을 보고 겸허해야 하고, 낮춰야 하며, 포용해야 한다는 것을 요즘 조금씩 배워갑니다. 누구나 지난 과거 중에 지우고 싶은 기억들이 있습니다. 태평양을 멕시코 말로 '추억이 없는 곳'이라 하는데, 가끔 그 태평양에 서고 싶을 때가 있습니다. 이제 제 나이의 무게가 마음의 균형을 잡아줍니다. 평정심을 품고 살랍니다.

#인생 #추억 #나이듦 #세월

영혼의
풍경소리

처마 밑 풍경은 바람이 지나고 있다는 흔적을 알리는 깃발 같아 보인다. 우리는 자연을 제대로 느끼지도 듣지도 못하는 오감의 한계가 있는데, 그 넓은 자연의 일부분을 보기에도 벅찬데 왜 우리는 완벽하게 느끼려고 집착하며 향유하려는지 도대체 모르겠다. 이제 귀를 순하게 하고 느낌 그대로 받아들이며 육체가 허용하는 시야에 만족하자. 이것이 '늙음'이요 삶의 '순리'일 것이다.　　　　　　#세월 #인생 #순리

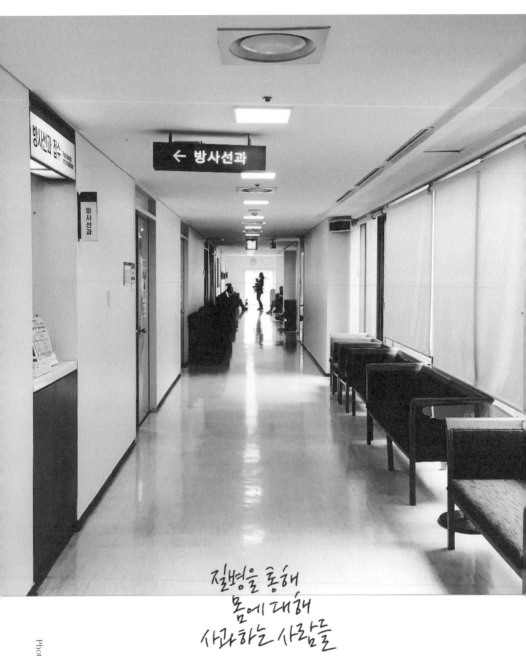

질병을 통해
몸에 대해
사과하는 사람들

주변에 아픈 분이 많다. 어떤 분은 수술을 하고 항암 치료 중이며 어떤 분은 원인을 모르는 질병으로 꽤 오랫동안 투병 중이다. 누군 아플 나이도 됐다지만 역시 아프다는 것은 슬프고 힘든 일이다. 그런데 한 가지 투병 중인 이들의 공통점은 모든 것을 내려놓고 또 다른 인생을 산다는 점이다. 질병을 통해 몸에 대해 사과하고 마치 어린아이 돌보듯 하며 여생을 계획한다는 점이다. 그러니까 병을 앓는다는 것은 꼭 슬프고 힘든 일만은 아니다. 또 하나의 삶의 전환점이요 스승이다.

#세월 #투병 #사과

몸과 마음이 여유 있는 연륜의 시간을 누리고 계시나요? '이만하면 됐다'가 아니라 '채워야 할 것이 아직 남았군' 하는 그런 삶이기를 바랍니다. 이제 나만을 위해 아등바등하는 삶보다는 너른 가슴의 소유자가 되기를 바라고 시간이 갈수록 봄처럼 따스한 양광의 너른 맘을 가진 행복한 노년이 되시길... #나이듦 #세월 #인생 #노년

돌아갈 집이 있다는 것은
인생의 행복이다

돌아갈 수 있다는 것이 얼마나 좋은지 나이를 들어가면서 알게 되었다. 집으로, 직장으로, 그 어떤 일터에서든 더더욱 아무리 권력이 높고 세상을 호령해도 한 아이의 아버지로, 남편으로 돌아간다는 것은 고맙고 감사한 일이다. 최근 젊은 지인이 하늘나라로 갔다. 신앙인인 우리는 이를 두고 "부르셨다, 돌아갔다"라고 말한다. 본향이라는 단어가 우리에게 주는 안온함과 평안함이 있다. 그 길을 가는 우리를 헤아려보면 얼마나 복되고 행복한 사람인가? 그래서 우리는 두려움 없이, 후회 없이 하루를 살 수가 있다.   #나이듦 #세월 #인생 #두려움

세월의 탓인가
삶이 성숙된 걸까
이제는 제법
양보도 하고
배려도 한다—

귀가 많이 순해졌다. 세월 탓인가 보다. 평생을 투사처럼 살 것 같더니 이제 기득권층이 되어 정의의 사도와 같은 후학들에게 웬만하면 참으라 한다. 기가 꺾인 것일까, 아니면 거친 세파에 닳고 닳은 것일까? 이제 행동보다는 생각이 앞선다. 신중해진 까닭일까, 아니면 자신감을 잃어서일까? 자신의 철학에 어긋난다고 생각하면 전부를 포기하더니 이제는 제법 양보도 하고 배려도 한다. 전부 아니면 전무였던 양극적인 판단이 준 폐해를 알 만큼 지혜가 생긴 것일까, 아니면 포용하는 길이 최선이라 생각해서일까? 누군 약해졌다고 하고 누군 변했다고도 하는데 굳이 말하면 성숙해진 것이 아닐까? 세월이 흐른 뒤 고목엔 새들이 날아오고 바람이 흔든다. 그러고 보면 우리네 인생도 자연의 일부분이다.

#세월 #순응 #성숙

이것이 행복이다

Photography_윤재식

내가 지금 눈을 감고 자고 내일 아침 눈을 뜨지 못해도
나는 편히 잠을 이룰 수 있다.   #행복 #자족

두근거리는 감성을
그대로 담은 삶의 단상

시간이 흘러도 가까이 두고 싶은 사람
마음의 시계가 향해 있는
기억의 창고
그 속에 나를 담고 싶다
표현하고 싶다

감성을 감정이라고 착각하거나
불필요한 낭비라 여기는
신세대들에게 감성은 연약함이 아닌
또 다른 꿈을 꿀 수 있는
영혼의 다리라고 말하고 싶다

감성은 다른 꿈을 꿀수 있는
영혼의 징검다리다—

10년이 되어도 1년이 된 듯한 사람이 있습니다
1년이 되어도 10년이 된 듯한 사람이 있습니다

오랜 시간이 흘러도
늘 어색하고 생뚱맞고
어색함이 흐르는 사람이 있습니다.
오가는 대화라야 늘 상습적인 인사말
도대체 왜 만나는지 그 이유를 알지 못한 채
너무 반듯해서 인간적인 빈틈을 발견할 수 없고
자기 논리에 확연히 사로잡혀 있어 공감이란
꿈도 못 꾸는 자기 집착의 이기적인 사람
'나는 말이지'로 시작되는 장광설...
나는 있고 너는 없는 그 황당함
10년의 무게가 너무 가볍습니다.

1년이 되었는데도 마치 강산이 한번 변한 것 같은
인간 냄새 풀풀 풍기는 사람이 있습니다.
늘 너른 가슴으로 품어주고 보듬어주는 어머니 같은 사람
공감과 동참이 몸에 배어 함께 울어주고 함께
기뻐해주는 내 분신 같은 사람
'그랬구나, 얼마나 힘들었니' 하며
위로와 격려로 시작되는 그의 따스한 음성
언제나 우선순위가 나에게 맞추어져 있어
내가 부르면 달려올 것 같은 사람
진솔하게 자신을 표현하고,
마음을 건네주는 사람
그와 보낸 1년의 무게가
오늘은 튼실하고 멋져 보입니다.

관계는 서로 노력하는 것이다—
그리고 서로 시간의 무게를
함께 책임지는 것이다—

침묵, 또 다른 언어의 기술

내 인생을 '말'이라는 기준으로 보면
반은 침묵의 시대요,
또 그 나머지는 소요의 시대라 해도
과히 틀린 말은 아닐 것 같다.

전자의 경우는 나의 오랜 지병이었던
'말더듬'으로 인해 생긴 피치 못한 현상이었고,
후자는 뒤늦게 리더가 되기 위해
훈련에 훈련을 거듭한 결과였다.

침묵과 소요의 두 축으로 보면
오히려 전자가 나에겐 타인에게 이해받고 공감되는
온유와 평안의 시간이었던 것 같다.
고요함, 바람도 불지 않고
물결도 치지 않는 평상심...

그래서 나는 '커뮤니케이션의 달인'이라는
허접스런 평가보다는 조금은 안돼 보이고,
조금은 답답해 보일지라 침묵하는 편이
백배 나을 거란 생각을 가끔 해본다.
말이 많아서 말을 하지 않는
이 시대의 황금 같은 침묵.
눈을 뜨자마자 말들은 제 다리로 걸어 다니며
온 세상을 휘젓고 다니건만...

침묵은 말을 하지 않을
용기다—

욕망의 자판기, 코인이 없다

살아보면
욕망의 신기루를 본다

기억해보면
야망의 탑을 본다

바벨탑이 무너지듯
욕망을 허물어버리면

인생은
티끌과 먼지일 뿐

인생은 스스로
티끌과 먼지라는 것을
아는 것에서
시작된다—

감성장애

나무 같은 인간이 싫다
돌하르방 같은 목석이 싫다

그리움도 설레임도
그 이상의 가슴 뜀도 없는

좀비 로봇 같은 인간들이
도시를 가득 메운다

눈물 같은 내 가슴은
또 어디로 가야 하나!

감성장애는
자연의 속삭임을
듣지 못하는 것이다

오늘 그대에게 작은 소망이고 싶습니다

오늘 한 편의 시로 남고 싶습니다.
단순한 일상에서 벗어나 모처럼만의 여유를 가지고
행복한 시간을 만끽하게 해주시오.
그런 안위 속에 오랜 친구처럼 우러나오는
한 편의 시가 되고 싶습니다.
새벽이슬처럼 순수를 머금은 시구가 되고 싶습니다.

오늘 당신의 소망이고 싶습니다.
작은 소망으로 남고 싶습니다.
영원한 소망으로 말입니다.
그대의 모습과 그대의 음성과 그대의 생각을 모아
저만의 앨범을 만들어 보지요.

그 속에서 당신을 만나 이야기하고 노래하지요.
당신의 모든 것을 담아 두고 꺼내며 그리워하겠지요.
그대, 작은 소망이고 싶어요, 꿈이고 싶어요.

오늘 당신에게
한편의 시를 남고 싶습니다

왜 나는 그토록 분노하는가?

분노하지 않을 일에 나는 종종 분노한다.
그렇게 하지 않아도 될 일에 어리석게도
나의 속마음을 드러내 보인다.

내 마음의 상처가 일어나 분노할 때
계산되지 않은 정제되지 않은 언어로
공격하는 들짐승 같은 '나'를 발견한다.

본질은 어디 가고 지엽적인 것을 붙잡고
나는 화를 낸다.
언제나 사소한 일에 모든 것을 걸어버리는
소아병적 자신의 결함 때문이다.

내 마음대로 상상하고
내 마음대로 결정하여 분노를 합리화하는
나는 진실함이 결핍된 언어의 마술사다.

왜 나는 그토록 분노하는가?
왜 나는 그토록 공격하는가?

아직도 중년의 무게를 지고 있는
나는 그에 대한 마땅한 해답을 찾지 못하고 있다.
결자해지

분노는 마음의 상처가
아직 남아 있어서
상대방의 마음을
읽지 못하는
마음의 난독증이다

나는 위장된 온유함이 싫다

아아, 나는 위장된 온유함이 싫다
온유한 것이 싫은 게 아니라
온유한 체하는 것이 싫은 거다

기쁘면 기쁜 대로
슬프면 슬픈 대로
참으로 담백한 사람이 되고픈 것이다

그 어떤 감정선도 읽을 수 없는
두꺼운 가면을 쓰고
날카로운 눈빛과 잣대로 저울질하는
순도 낮은 온유함이
나는 싫은 것이다

욕심과 욕망을
돈으로만 채우는것이
가장 저급한 인생이다—

그리운 것은 너무 먼 곳에 있다

그리운 것은 너무 먼 곳에 있었다.
그 그리움에 대한 그리움은
눈물을 흘리고 밤을 지새우곤 하였다.

아아, 그리운 것들이여!
그 옛적에 쓰던 필통도, 이름표도,
짝꿍 이름도, 살던 옛집도,
멋진 기억의 한 조각도,
누렇게 바랜 한 장의 편지도, 사진도,
돌아가신 분들의 모습도, 심지어 강아지 이름도,
사랑했던 여인도, 일기장도, 지나간 고지서도,
노래도, 잊지 못할 추억도...

그리워할 것은 너무 많은데
그들은 먼 곳에 있다.
가까이 갈수록 멀어지는
그들은 신기루였다.
불현듯 그들이 보고 싶어진다.
만나고 싶어진다.

그러나 볼 수도 만날 수도 없는
그들을 단지 그리워할 뿐이다.

이것은 고통이다. 참을 수 없는 아픔이다.
채워질 수 없는, 끝없는 갈증이다.
목마름이다.

그리움은, 끝없는 갈증이고
추억의 목마름이다

외로운 자가 그리움의 아픔을 안다

외롭다는 말은, 그립다는 말은
어쩌면 한 어원에서 나온 것이 아닌가 하는 생각이 든다.
외로운 자에게는 늘 그리움이 있기 때문이다.
외롭지 않으면 그리워하지 않는다는 말은 어떻게 보면
어폐가 있는 말이지만 평범한 눈으로 바라 보아도
홀로 있음으로 해서 누군가를 그리워하는 것은
당연한 일인 것 같다.

유럽여행을 몇 차례 다녀온 후 자신의 인생관을 바꿨다는
어떤 학생을 알고 있다.
그에게 나는 이런 질문을 던진 적이 있다.
"여행 중 가장 힘들었던 일은 무엇인가?"

그때 그의 대답은 이러했다.
"혼자 있다는 생각이지요.
나 혼자라는 생각이 얼마나 힘들게 하는지 몰라요.
그리고 이 생각 뒤에 그립다는, 보고 싶다는 향수병입니다.
미칠 지경이에요. 유학생들도
이런 병을 한번쯤은 앓아 보았다고 하더군요."

이 이야기는 그만의 경험은 아니라는 생각이 든다. 우리 주위에도 집
을 떠나 객지 생활을 하는 사람들은 얼마든지 있다. 눈만 감아도 떠오
르는 고향의 모습과 부모님의 모습을 그리워하는 젊은이들이 얼마든
지 있다. 얼마나 쓰라린 아픔이겠는가, 왜 우리는 명절만 되면 완행열
차에 숨도 못 쉬어가며 밤을 새워 고향으로 내려가는가,

표를 사기 위해 며칠씩 밤을 새우는 그 나이 어린 여공의 눈길에서 우
린 그리움으로 얼룩진 간절함을 쉽게 발견할 수 있다. 외로운 자가 그
리움의 아픔을 안다. 그 안에 담겨진 절절한 사연을 안다.

그리움의 아픔을 알려면
지금은 외로워져라
홀로 되어라

혼자 잠을 자본 일이 있는가!
혼자 식사를 해본 일이 있는가!
외로움이란 말 못 할 형벌이다.

그 외로움 뒤에 쏟아지는 그리움은 또 얼마나 무서운 시지프스의 중형
인가, 배고팠던 자가 배고픈 이의 아픔을 알듯 외로운 자만이 그리움
의 아픔을 안다.

세상에서 유독 혼자뿐이라는 절망감이, 그 상처가 얼마나 깊은지는 경험
해보지 않으면 모른다. 그런 자의 그리움이란 필설로써 다할 수 없다.

여행을 해보면 평소에 내가 성의 없이 대했던 그 모든 것이 그렇게 고
마워질 수가 없다. 돌아갈 집이 있다는 것조차 기쁜 일이 아닐 수 없
다. 그들이 일시에 그리워져 온다. 눈물이 나도록 그리워진다.

다시 만난다는 설렘으로 잠을 못 이룬다. 외롭기 때문이다. 고독하기
때문이다. 그래서 여행은 인간을 성숙하게 한다고 하지 않던가.
그리움의 아픔을 알고자 하는가?

외로워져라! 그러면 그 아픔을 가슴으로 안게 될 것이다.
그리고, 새롭게 태어난 성숙한 자아와 만나게 될 것이다.
인간이 되어간다는 것은 진주를 품기 위해 연한 살을 후벼 파는 조개
처럼 이런 외로움과 그리움을 함께 품어야 한다는 뜻이다.
그러므로 외롭다고 비관할 일이 아니다. 그리움의 아픔을 겪으면서 인
생의 참 맛을 느낄 수 있기 때문이다. 아마 고진감래란 이런 것을 두고
하는 말일 게다. 그대여! 그리움의 아픔을 알려면 지금 외로워져라,
홀로 되어라.

이기는 본색, 전략의 탑을 쌓다

Chapter 3

마케팅의 새 역사를 쓰다.
변화와 혁신의 쌍두마차는 어디로 달리고 있는가?

파격적이고, 역발상적으로 접근하며
깊은 사색으로 미래를 견인하는 통찰력으로
낡은 마케팅의 역사를 지우고
변화와 혁신의 코드로 지식의 새 창을 열다.

나에게
마케팅이란?

늘 내게 화두로 떠오르는 것은 '마케팅이란 무엇인가'이다.
이 질문의 답은 원론에 그치는데 더 공부하라는 신호 같다.   #마케팅

마케팅을 사색하라ㅡ

최근에 마케팅 담당자들을 만나보면 낡은 이론만 기억하고 마케팅의 기본적인 개념마저 정립하지 못하고 있다. 그래서, 나는 '마케팅을 사색하라'고 권유하고 있다. 어떤 전략을 세울 것인가? 경쟁자는 누구이고 내 위치는 어디쯤인지 생각하라. 그리고, 또 생각하라!

생각을 하는 사람은 메모를 한다.
생각을 하는 사람은 다른 사람의 말을 듣고 공감한다.
생각을 하는 사람은 말이 짧지도 길지도 않다.
생각을 하는 사람은 실수를 인정한다.
생각을 하는 사람은 내면의 나침반이 있다.

#마케팅 #사색 #메모 #나침반

본질과 트렌드를
분별하라

마케터들의 오류는 트렌드와 본질을 혼동한다는 것이다.
그래서 패셔너블한 경영이 오래갈 것이라 착각한다.

#마케팅 #본질 #트렌드 #혼동

마케팅은
포장하는 기술이 아니라
본질을 보는 힘이다—

Photography_서우석

우리가 마케팅에서 참고할 지혜가 있다. 새 같은 눈으로 먼 곳을 보고 곤충의 눈으로 주위를 둘러보며 물고기의 눈으로 흐름을 읽는 것이다. 문제는 어떤 각도로 생각하고 어떤 방향으로 생각하는지 소양훈련이 마케터의 자질을 결정한다는 것이다. 마케팅은 포장을 하는 기술을 배우는 것이 아니라 본질을 보는 힘이다.　　　#마케터 #본질을보는눈

Photography_서우석

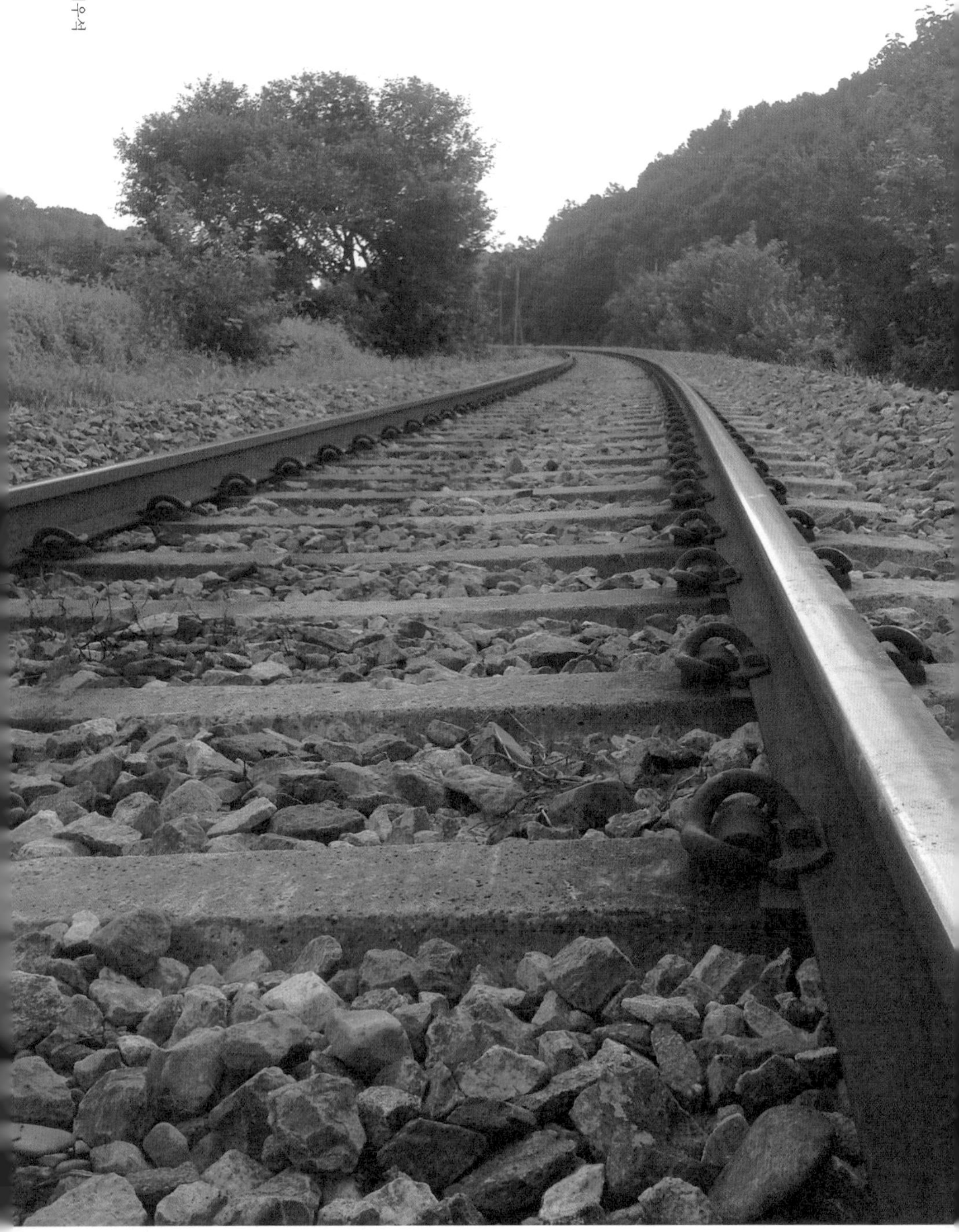

본질은
정확한 사전적 정의를
먼저 이해하는 것에서
시작된다——

우리는 종종 마케팅을 한답시고 본질을 건드리기보다는 주변의 잡동사니를 건드리고 그 결과를 기다린다. 기업의 이런 오류는 곧 소비자 이탈로 나타난다. #마케팅 #본질 #정의 #이해

나는 왜
이곳에 서 있는가?

photography_서유석

《마케팅 불변의 법칙》저자인 잭 트라우트는 마케팅의 출발점을 이렇게 기술하였다. '우리 회사가 어느 지점에 서있는지 올바르게 파악하는 것에서부터 시작한다.' 후발주자인 경우 경쟁자가 가지고 있지 않은 것을 이야기로 만들고 이것을 간결하고 강력한 메시지로 전환해야 한다. 위기의 기업이라 하는 것은 명확한 이미지를 고객에게 심지 못하였다는 점을 반증한다.　　#마케팅 #메시지 #기업이미지 #출발점

누가우리의 경쟁사인가
누가우리의 경쟁사인가
누가우리의 경쟁사인가

요즘 마케팅의 화두는 '누가 우리의 경쟁사인가'이다. 예를 들면 커피 믹스시장에 분유회사가 뛰어들고, 학습지 시장에 학원이 뛰어드는데 관건은 제자리 잘 지키기다.   #경쟁

대기업이든 소기업이든 지금 큰 고민에 빠져있는 것은 싸움의 룰이 바뀌고 있어서다. 과거엔 경쟁자의 모습도 어느 정도 보이고 대체로 강자를 위해 판이 짜여 있었는데 요즘은 누가 경쟁자인지 그 구도가 어떻게 전개될지 가늠하지 못한다. 그러다 카카오톡 같은 필살기의 주자가 등장하면서 시장은 난해한 이종격투기장으로 바뀐다.　　　　#카카오톡

마케팅은
통계를 뛰어넘는
반전의 매력이 있다
그것은 느낌이다

언제인지 모르지만 작가가 순간을 포착하여 찍은 사진을 보면, 내 얼굴은 웃고 있지만 뭔가 멋쩍은 표정이 재미를 불러일으킨다. 마케팅에서도 계획되지 않은 통계로도 설명되지 않은 마케팅 외적인 부분이 있다. 그것은 마케터의 딜레마이지만 느낌으로 잡을 수 있는 마케팅만의 매력이다.

#마케팅 #느낌 #감각 #통계 #fact

공감은 진심으로
함께 웃고 울어 주는것
하지만
쉽지는 않다

채플린

☎ 734-5650

소비자들은 매일 쏟아져 나오는 마케팅 메시지에 냉담하다. 일단 그 진위를 의심하고 사실로 판명되어도 별로 반응을 보이지 않는다. 따라서 지혜로운 마케터는 사소하지만 감동적인 배려를 한다. 이것이 공감의 포인트다. 더불어 기대하지 않은 즐거움도 듬뿍 소비자에게 안긴다.

#마케팅 #공감 #진정성

붉고는 추억의 다른이름

가끔 복고마케팅이 유행일 때가 있다. 특히 불황기에 더욱 그렇다. 기억과 함께한 감성과 추억도 콘텐츠와 상품이 된다.

#마케팅 #감성 #추억 #복고

브랜드를
입고 느끼고
경험하라

이제 광고를 통한 브랜드 인지는 박물관에나 가야 할듯하다. 대신 브랜드를 입고 느끼고 생각하는 브랜드 통찰력의 시대가 도래했고, 포장의 기술보다 진정성으로 고객에게 다가가는 것이 효과적이다.

#경험 #진정성

광고는
시원럼 영화처럼
변신의 변신을
거듭한다—

광고의 목적은 설득, 정보, 회상인데 이 세 가지 요소를 요즘 시대에 적
용하기가 쉽지 않다. 과거 기업의 전유물이었던 정보는 이미 고객에게
넘어가고 그 어떤 설득의 전략에도 미동하지 않는다. 이런 고객의 거친
반란을 경험한 뒤 신문광고는 시처럼, CF는 영화처럼 변신에 변신을 거
듭한다.   #광고 #시 #CF #영화 #변신

좋은 림혁과
네트워크

마케팅도 잘 보면 축구와 같다. 끊임없이 뛰어야 하는 기량으로 기획를 포착해야 하는 긴장감이 있어야 한다. 그리고, 하나가 되는 네트워크가 필요하다. 여기에 팀워크라는 예술적인 요소가 가미된다.

#팀워크 #네트워크

스티브 잡스의 프레젠테이션 (Think Different)
CEO가 자신의 회사 상품을 가지고 나와 장시간 이야기한다면 대중의 반응은 어떠하겠는가? 지루해할 것이다. 그런데 이 세상 딱 한사람, 신제품 발표회를 축제로 만든 사람이 있다. 그의 이름은 스티브 잡스이다. 그는 추종자들과 교감을 나누며 동의를 구하는 개인적 체험을 스스럼없이 해냈다. 그의 신제품 발표회는 매년 회를 거듭할수록 열광적인 분위기로 과거 지루하고 평범한 이벤트를 '선택된 자들의 축제'로 전환해버렸다. 그의 프레젠테이션 능력은 아직도 신화로 남는다.

#애플 #프레젠테이션 #교감

창의적 인재 등용

"무언가에 미친 사람들, 사회 부적응자, 반항아, 말썽꾼. 사물을 다르게 보는 사람들이다. 이 사람들이 변화를 만들고, 그들이 진정 인류 진보를 이룬다. 또, 어떤 사람들은 그들을 보고 미쳤다고 하지만 나에게는 그들의 천재성이 보인다." 스티브 잡스가 매킨토시 컴퓨터를 만들 수 있었던 이유는 그가 같이 일하기로 결정한 사람들이 음악가, 시인, 예술가, 동물학자, 역사학자 등 다양한 배경에서 출발해 컴퓨터 과학자가 된 사람들이었기 때문이다. 그러나 오늘날 많은 회사가 스펙이 부족하다는 이유로 창조적인 인재를 놓친다. 잡스는 생각만 다르게 한 것이 아니라 채용도 다르게 했다. 우리는 언제 이 거대하고 케케묵은 고정관념에서 벗어나 창의적인 인재들이 활개 치는 세상을 만들까?

#애플 #말랑말랑한 #두뇌

먹다 남은 사과 로고는 아담과 하와의 선악과 이후 가장 영향력이 높은 사과이다. 자신의 안위와 안락한 삶을 위해 하나님이 주신 카드를 모두 써버리는 보통사람보다 하루를 살아도 모든 이들의 롤모델이 되는 스페셜리스트의 삶은 존경받고도 남음이 있다. 이런 단적인 예를 보더라도 세상은 지배적 소수자가 이끌어 가고 있음이 분명하다.

#애플 #역사를만드는사람들

혁신의 경영가들, 반전의 사설을 토하다

Chapter 4

인간이 행복하기 위한 경영을 하라,
누구에게도 가슴 뛰고
어느 누구에게도 혜택을 주는
그 이상의 가치

미래의 기술을 견인하고,
미래의 삶을 생각하는 예지자의 가슴으로
경영자의 현명한 판단과
훌륭한 인재의 생각이 열매 맺는
가치경영의 코드를 되짚어본다.

정영은
살아있는 유기물체이다―

경영은 살아있는 유기물체이다. 살아 있기에 그 움직임을 알 수 없고, 그 모습조차 때로는 감지하기가 어렵다. 그래서 가만히 관찰하는 것도 한 가지 방법이다.   #경영

서로가 서로에게 배운다

제록스 연구팀을 총지휘한 존 S. 브라운은 성공하는 사람들은 그들이 아는 대부분을 "서로에게 배운다"고 하였다. 또한 인간을 업그레이드하는 학습능력은 단순히 책을 읽고 지식을 축적하는 것이 아니라 다른 사람들과 부딪치고 어울리면서 얻는 것이 많다고 하였다. 결국 경영능력은 다른 사람들의 생각과 행동, 감성의 흐름을 거기에 맞춰 섬세하게 대응하는 것을 말한다.   #경영 #마음의온도 #감성의흐름

마음에서 우러 나오는 이야기를 하라
상대방의 입장에서 말하면
그들과 함께 꿈을 나눠라

스타벅스의 하워드 슐츠가 투자를 유치하기 위하여 만난 사람은 무려 242명이었는데 그중 217명이 거절하였다. 이 숫자도 놀랍지만 지치지 않고 투자를 유치한 그의 성실한 집념이 놀랍다. 그는 1987년 최초 회의에서 다음과 같이 강조했다. '마음에서 우러나오는 얘기를 하라. 그리고 상대방 입장에서 말하며 그들과 함께 꿈을 나눠라.' 경영의 달인은 달라도 뭔가가 다르다.　　#경영 #마음 #꿈 #말하라 #나눠라

절대로
성공의 겉모습만 보고
판단하지 마라

죽을 만큼 노력해도 안 되는 경지까지 가보지 않고는 성공을 논할 수
없다. 성공은 화려하지도, 경우의 수도, 남의 곁에서 묻어갈 수도 없는
그저 안개와 같은 희망을 보고 오르고 또 오르는 지루한 여행이라 할
수 있다. 죽을 만큼 죽을 수도 있는 그 경지에 다다르기 위해 오늘도
오른다. 갈 길이 한참이나 멀고 안개가 언제 걷힐지 모르지만...

#경영 #기회 #겉모습 #성공

성공은
열정을 잃지 않고
실패에서 다른 실패로
건너 가는 것

'열정을 잃지 않고 실패에서 다른 실패로 건너가는 것'이라고 성공을 정의했던 영국수상 처칠이 있다. 그는 어렸을 때 '부서질 듯 창백한 손을 가진 몸동작도 제대로 못하는 병약한 약골'이었다. 게다가 혀 짧은 소리로 말까지 더듬어 아이들의 완벽한 놀림감이 되었다. 아이들은 그를 때리고 조롱하며 공을 던졌으며 그는 창피하고 무서워 근처 숲으로 숨었다. 그럼에도 불구하고 역사는 그를 가장 강한 리더로 추천하기에 주저하지 않는다. 그 이유는 인생이나 기업은 어느 순간 이해할 수 없는 변화를 겪으며, 그 변화는 계산되지 않기 때문이다. 성공은 열정을 잃지 않고 실패에서 다른 실패로 건너가는 것이다.

#경영 #윈스턴처칠 #성공 #열정 #실패

실패란
우리 인생의
소소한 옵션일지
모른다一

영국 선박 박물관에는 로이드 보험회사가 기증한, 1894년 대서양을 오고간 배 한 척이 전시되어 있다. 이 배는 116번의 암초를 만났으며 138번의 빙산과 13번의 화재를 당하였고 심지어 강한 풍랑에 207번이나 돛대가 부러지기도 하였다. 그러나 더욱 놀라운 것은 이 배가 기증하기 전까지 한 번도 침몰한 적이 없었다는 사실이다. 사랑에 실패하였거나 사업뿐 아니라 절체절명에 처한 사람들이 이 배를 보며 이런 생각을 한다고 한다. "폭풍을 만나지 않은 배는 없다. 고로 바다로 들어온 이상 온전한 배는 없다." 2013년까지 2,000만 명이 쓴 300권의 방명록 글이 대부분 그러했다. 좌절하지 말자! 실패란, 어쩌면 우리 인생에 소소한 옵션일지 모른다.

#경영 #인생 #실패 #삶의과정

기회는
평범한 얼굴로
우리곁을
스쳐지나간다─

미국 업존은 미녹시딜이라는 고혈압 치료제를 발매하였다. 그러나 이 치료제는 기대와 어긋나게 고혈압 치료에는 미미한 효과를 보였고 심지어 털이 나는 부작용이 나타났다. 이를 인지한 업존은 고민 끝에 미녹시딜의 제품 컨셉을 발모제로 바꿔버렸다. 살다 보면 전혀 생각지 않은 곳에서 기회를 발견한다. 기회는 평범한 얼굴로 우리 곁을 스쳐 지나간다.

#경영 #기회

통찰력은 현장에서 발견된다~

Photography_안홍섭

최근 사람들은 내게 "통찰력은 어떻게 발견합니까?"라고 묻는다. 저명한 경영구루 피터 드러커는 "나는 창밖을 바라 볼 때 명백히 존재하지만 아직 눈에 보이지 않는 것을 바라본다"라고 자신의 통찰력을 설명했다. 결론부터 내리자면 현장이다. 그리고 벤치마킹하기 전 자신들의 모습, 그리고 새로운 가능성을 찾기 위한 훈련과정에서 통찰력을 찾을 수 있다. 예를 들어 은행장이 줄을 서보면 대기한다는 것이 얼마나 어려운지 안다. 그 뒤에 나온 대기표는 현장 경험에서 빚어진 통찰력의 결과이다.　　　　　#경영 #통찰력 #관점 #시야

규칙은 강자가 만든 헛점이다—

《티핑포인트》와 《아웃라이어》를 쓴 말콤 글래드웰은 다윗이 골리앗을 이길 확률이 분명 존재한다고 강조한다. 그것은 약자가 자신의 약점을 인정하고 규칙에서 벗어나거나 제도권의 틀을 넘어 새로운 시각으로 접근하면 된다는 것이다. 어차피 규칙은 허점이다. 그것은 강자가 만든 것이다, 어서 탈출하라!　　　　　#경영 #법 #강자 #규칙

YS Computer Key Machine
made in korea | NO.

모방전략과 속도전

오늘날 글로벌 기업으로 발돋움한 S기업의 비결은 탁월한 모방전략이라고 평가하는 전문가들이 있다. 그러나 그들은 단순히 모방에 그치지 않고 빠른 속도전에 목숨을 걸었다. 반도체의 정상에 있던 일본의 D기업을 앞선 것도 단연히 빠른 모방전략이었다. 지금은 리더로서 모방을 넘어선 창의적인 글로벌 혁신기업으로서 정진하고 있는데 다시금 모방과 창조의 의미를 되새기게 한다. #경영 #모방 #속도전

혁신은 현재지점에 머물지 않고
자신이 믿는 방향으로 움직이는 것이다—

전략가들의 오류는 완벽성을 추구하는 것이다. 그러나 거의 경우의 수만큼 많은 전략이 존재하는데 족집게 같은 전략을 찾기란 한강에서 바늘 찾기라 보면 된다. 무엇보다 중요한 것은 현재 지점에 머물지 않고 자신이 믿는 방향으로 움직이는 것이다. 결국 다른 기업들이 혁신하고 개발하는데 팔짱을 끼면 도태한다는 것이다. 모토로라, 코닥, 닌텐도, 소니 이들 회사의 불행한 공통점이다.　　#경영 #전략 #혁신 #방향

기업의 과욕은
패망을 부른다—

우리나라 기업사에서 사라진 그룹의 경우에서 보듯이 기업의 과욕은 패망을 부른다. 미국 할인 유통의 1인자였던 K마트가 그렇다. 사업 확장으로 몰락한 케이스로 사업 확장의 의욕이 넘치다 보니 가용자원과 경쟁우위에 대한 분석 없이 다각화를 감행해 기존 사업과의 시너지를 창출하지 못했다. 이른바 선두 기업이 걸리기 쉬운 알렉산더 딜레마에 빠진 것이다.　　　　　　　　　　　#경영 #과욕 #패망

좋은 의견을
모아 간다는 것은
말처럼 쉽지 않다

경영자의 의사결정이 기업의 흥망을 결정한다는 것을 기업흥망사를
통해 알았다.(경영자의 독단적인 결정!) 좋은 의견을 모아 간다는 것은
말처럼 쉬운 일이 아니다.   #경영 #의견조율 #의사결정 #책임

황제같은 권력총수의
독선적인 의사결정은
모든 임원과 직원들을
한순간 허수아비로 만든다—

기업사에 흔적을 남기고 사라진 D그룹에는 당시 임원을 비롯해 18만 4천 명의 엄청난 인력이 존재하였음에도 총수는 언제나 혼자 결정을 내렸다. 특히 세계경영의 핵심으로 등장한 자동차 사업에서는 독선적이라는 비난을 받을 정도로 그 정도가 심했다. 기업은 인력이 많다고 합리적으로 경영되는 것은 아니다. 문제는 황제 같은 재벌총수의 의사결정력이다.

#경영 #의사결정 #독재권력

위기는
선택과 결정을
던져야 하는 분기점이다~

위기가 오면 기업들의 미래는 두 갈래로 극명히 갈린다. 위기를 기회로 전환한 기업은 미래를 보는 눈이 밝았으며 상황 대처가 빨랐을 뿐 아니라 시대에 걸맞게 적응하고 발전해 나갔다. 반면 실패한 기업은 시야가 좁았고 기존 보수 체제를 지키기에 급급했으며 기술 개발이나 이미지 쇄신에 무관심하여 시장에서 밀렸다고 한다. 위기는 선택과 결정을 던져야 하는 분기점이다.   #경영 #위기 #선택 #결정

작은 불씨를 보는
관점과 태도

2009년 3월 네슬레에서 만든 초콜릿 제품 때문에 인도네시아의 오랑우탄이 죽어 간다는 동영상이 유포되었다. 이에 놀란 네슬레 홍보팀은 동영상 유포 금지 및 삭제 처리를 했다. 그리고 확산될 것을 우려해 페이스북도 중단했다. 그러나 동영상은 이미 각종 블로그와 커뮤니티 사이트를 넘나들었고 소비자의 불매운동을 오히려 촉발시켰다. 결국 이런 일로 인해 75만 명의 네슬레 페이스북 팬들을 적으로 만들었다. 작은 불씨도 어떻게 보느냐에 따라 결과가 천차만별로 달라진다.

#경영 #위기 #사소한것 #작은불씨

세상은
빛의 속도로
혁신하고 있다—

《프리에이전트의 시대》를 저술한 다니엘 핑크는 기업에 고용돼 있지 않으며 독립적으로 일하는 전문가, 프리랜서, 컨설턴트, 자영업자의 시대가 되었음을 그의 저서에서 강조하고 있다. 이미 미국에서는 제조업 노동자의 2배, 노동조합원의 2배인 3300만 명의 프리에이전트가 일하고 있다. 이는 더 이상 근로시간에 매여 소득을 올리지 않는, 소위 고용 시대에 조종을 울리는 현상이 될 것이다. 그래서 조만간 대한민국도 프리에이전트가 특공대처럼 진입하여 그 지형을 바꾸는 일대 혁신이 일어날 것이라 예측된다. 세상은 빛의 속도로 혁신하고 있다.

#혁신 #빛의속도

Photography_안현정

국민은 국민답고 정부는 정부답게

중국과 일본은 국가 성장 동력을 위해 엄청난 힘을 쏟아붓고 있
는데, 아~ 대한민국은 허구한 날 이념 싸움질에 입에 담지 못할 디스에
부패의 냄새가 코를 찌른다. 게다가 TV는 쉐프라는 외인부대와 이권 결
탁하여 음식 냄새에 웃기지도 않은 개그와 수다방으로 변한 지 오래다.
이러고도 OECD 국가를 운운하는 것이 어찌 정상이라 할 수 있는가? 날
로 늘어나는 노인의 복지는 꿈도 꾸지 못하고 정말 폭동 수준으로 청년
취업은 날이 갈수록 험악해지는데 이 새벽에 절로 한숨이 난다. 국민이
국민답고, 정부가 정부다운 이 '다움'이 사무치게 그리워진다.

#국민 #정부 #다움

피하고 싶은 리더들

편 가르는 리더를 구분하십시오.
우리가 수백 년간 싸운 이유입니다.

남의 의견은 듣지 않고
마이웨이를 외치는 리더를 피하십시오.
그는 들을 귀가 없습니다.

즉흥적인 아이디어에 의존하는 리더가 있습니다.
그는 하루에도 몇 번씩 허무하게
만리장성을 세웠다가 부숩니다.

과거가 풍성한 리더는 모두를 피곤하게 합니다.
어떤 사례도 그의 의지를 꺾지 못합니다.

협상력이 부족한 리더는 지는 게임만 고수합니다.
이기고도 지는 게임!

누구를 만나느냐에 따라
우리 인생의 결과가 달라집니다.

#리더십 #고집불통 #책한권읽은리더

리더십 필터링

내가 아는 CEO는 유독 리더십을 강조한다.
그런데 그의 행동을 보면 변방의 졸부 같아 보인다.

회사의 초창기에 수고한 이를 몰아내고
측근들로 채워 놓으며
귀에 거슬린 충언을 외면하고
달콤한 아부의 말을 선호한다.
적어도 그에겐 들을 귀가 없다.

그는 자신의 이름을 드높이기를 원한다.
자신의 편견 속에 갇힌 벌거벗은 왕에 불과하다.

그의 자비와 선함은 찢어진 포장에 불과하고
그의 정의는 허무한 바람과 같다.
그의 말은 신실함이 없고
그의 진솔함은 위장된 허언에 불과하다.

불쌍한 것은 그를 추종하는 자들의
그와 같은 거짓된 행동이다.
그들의 본질은 무너져가는 성이다.
그를 위해 기도한다.

#리더십 #가면뒤에숨다

바람 앞에 촛불 같은 리더

국가를 비롯해 어느 조직이든 리더가 바로 서야 한다.
우리는 흔히 리더가 부족하면 스탭을 잘 써야 한다느니
차차 훈련되면 된다는 안이한 생각을 하는데 절대 그렇지 않다.

리더의 지혜는 어느 정도 타고나야 하며
또한 확고한 사명감과 의사결정력
그리고 카리스마를 갖추어야 한다.
따라서 이런저런 요소를 무시하고 정치적으로 포장된
짝퉁 리더를 만나면 그 폐해는 이루 말할 수 없다.

우리 사회는 이 짝퉁 리더에 의해 휘둘리는
코미디 같은 현실이 되어가고 있다.

누가 뭐래도 내 자식만 챙기는
조폭 같은 리더
겉으론 웃고 화합해도 뒤로는 제 살 길을 챙기는
이기적인 리더
자기 주장 외에는 도저히 들으려 하지 않는
청각장애 리더
의리도 따뜻한 가슴도 없는
냉혈한 리더
무엇이 옳고 그른지 모르는
판단장애 리더

바람 앞에 촛불이 된 우리에게
진정 바로 선 리더는 어디 있는가?

#리더십 #결정장애 #리더자질

우리의 눈물을
닦아줄
지도자는 어디 있는가

왜 우리 사회가 이렇게 되었을까? 젊은 청년들에게 일자리가 주어지지 않고 나이 든 사람들은 길거리를 헤매는데 있는 자들의 횡포는 어디까지인가? 그들에게 '꿈을 가져라, 희망을 품자'는 이야기는 얼마나 사치스럽고 가혹했을까? 기득권자들의 자기 보호는 어디까지일까? 그들이 찾는 국민은 어디 있으며 우리의 눈물을 닦아줄 지도자는 어디 있는가? 도대체, 우리는 지금 어디로 가는 것일까?　　　#리더십 #지도자

"화려한 잔치는 끝났다.
더이상 커튼콜은 없다.
그래서 고독한 점을 찍는다"

소위 성공했다는 친구가 중병을 앓아 쇠락한 노인네가 되어 나타났다. 권력의 정점이었던 친구가 수인이 되었다. 그 유명한 개띠 인생들 그들은 섬이 되어갔다. 그런 세월이 나는 무섭고 떨린다.

등산복을 입고 찾는 이 없는 새벽에 산을 오르는 옛이야기의 주인공들을 위해 무언가 토설하고 싶었다. 사람들은 묻는다. "맹사부님은 무슨 생각으로 하루를 시작하세요?" 마케팅 스페셜리스트는 어떤 의미의 하루를 만나느냐는 소리로 들렸다.

나는 새벽에 첫 키워드를 영감과 더불어 마중물처럼 품어 올린다. 운전 중 라디오를 통해 흘러나오는 지나간 연주와 팝송의 감성 단어 하나하나에 나의 지치고 여린 영혼이 치유를 받는다. 그 기억에서 떠오른 키워드로 감성 품앗이를 한다.

나는 안다. 내 인생의 화려한 잔치나 커튼콜은 없다는 것을... 그러나 이것 하나는 분명히 안다. 성숙한 그루터기나 둥지가 되어 여린 영혼들을 품어주고 어깨를 빌려줄 수 있다는 것을... 그런 연륜이 내게 찾지 않은 통장의 미지급금처럼 남아 있다.

페이스북에 써놓은 글이 이렇게 많은지 나도 미처 몰랐다.
이제 습관이 되어버린 이 글들은 어떤 방식으로 매듭짓고 싶었다.

캘리그래피와 이미지 사진은 이 책의 핵심인 '생각'을 키우는 너무나
훌륭한 도구이므로 그 감동과 기쁨은 아무리 강조해도 지나침이 없을
것 같다. 앞으로 세월이 흘러 이런 식으로 책을 내겠다는 욕심이 불치
병처럼 재발할지 모른다. 나는 그것도 두렵다. 아마 그런 욕심은 욕망
의 치매일지 모르기 때문이다.

바라건대 멋지게 떠나는 자의 뒷모습을 남기고 싶다.
녹슬지 않는 그런 성성한 존재감으로 하나의 점을 찍는다,
그것이 섬이 되었다.
사람들은 저마다 외로운 섬이 있다.

맹명관

감사의 메시지

먼저 넓은 마음으로 천방지축 날뛰는 나의 품성을 측량할 수 없는 너른 가슴으로 받아주시는 하나님께 이 책으로 받을 모든 영광을 바친다.

더불어 내게 진한 삶의 유전을 남겨주신 부모님과 일가친척들, 강북제일교회 황형택 목사님과 지체들, 25년간 자리를 지켜주고 격려해준 수강자들, 오늘날 내가 있기까지 인생의 골목골목마다 끌어주고 밀어주었던 멘토님들 그리고 학문 도량에서 너른 지식의 세계로 인도했던 스승님과 동문수학했던 동기들, '생각이 바뀌는 의자'라는 타이틀만 보고 YTN-TV 방송에 후원을 전격적으로 결정해주었던 한국TA 강명훈, 황은주 대표, 나와 공동 MC로 방송의 격을 올려주었던 박혜진 아나운서와 출연진 및 제작진(특히 정승용 한국미디어센터 대표, 김정은, 김송이 작가, 이성민 이미지민 대표), IT융합 세계로 나를 이끌고 공학박사 학위의 영광을 얻게 해주신 한세대 U-City IT융합 박사과정 권창희 교수님, 오병섭 교수님, 강순봉 교수님, 맹익호 교수님, 포프리 김회수 대표, 백희성 대표, 이하나 마케팅컨설턴트, 정경호 강사, 박성용 위즈토크 대표, 함병우 강사, 미국 콩고디아 국제대학 이존

영 총장, 조전범 돈키우스 대표, 김정원 동아미래포럼 매니저, 유장휴 대표, 친구 송동근 교수, 중소기업 혁신전략연구원 변명식 원장님, 김형환 교수, 김남순 소장, 구자룡 대표, 오세홍 선배, 가수 리아, 안병민 강사, 김인규 선배, 이재기 목사, 김윤성, 송수연 아타라 크리에이티브 대표, 염소연 작가, 최정은 포라리스 대표, 이다인 소장 그리고 이 책이 나오기까지 사진과 편집에 내공을 쏟아부은 아트엘 안흥섭 대표, 도서출판 씽크스마트 김태영 대표 등 모두에게 머리 숙여 감사를 표하고 싶다.

끝으로 결혼을 앞둔 외동딸 주희와 예비 사위 김영진 군, 30여 년 간 때론 친구로, 조언자로, 동반자로 삶을 함께해 온 아내 장애진과 처형 장은진님께도 못다 한 사랑을 전하고 싶다.

아직도 이 지면을 다해도 모자랄 분들의 이름이 내 기억 속에 남아있다. 그만큼 인생은 무한대의 진행형임을 깨닫는다. 인생의 한 바퀴를 돌아와 보니 더욱 그렇다. 앞으로 갈 길은 먼데 눈이 내린다.
그 위에 나는 어떤 그림을 그릴까?

사람들은 저마다 그리움의 섬이 있다—